AF595226

DÉDICACES

Tiré à 62 exemplaires hors commerce dont :

2 exemplaires sur Japon numérotés 1 et 2 ;

Et 60 exemplaires sur Arches numérotés 3 à 62, pour les Amis d'Édouard.

Exemplaire « de passe ».

DÉDICACES

PAR PAUL ADAM

INTRODUCTION DE P. V.

Les Amis d'Édouard
N° 35

... Sentir que si l'on meurt, on continuera de vivre en l'autre.

P. A.

La mort de l'un altère la tendresse de l'autre; et la change, dans le silence, en piété.

Après un temps inexprimable qu'elles passent dans la stupeur, les mêmes Vertus qui veillaient sur le vivant, celles qui devinaient ses désirs, et celles qui étudiaient ses ennuis ; celles qui protégeaient ses pensées, et les autres qui paraient sa demeure, renaissent parmi les larmes, et se reprennent. Elles renouvellent leurs attentions ; elles s'ordonnent d'elles-mêmes à cette union toute neuve et toute secrète que vient d'instituer le malheur, entre l'absence et la présence. Les mains ne sont pas moins actives, ni moins adroites que jadis ; mais seulement bien plus pieuses. Elles assemblent les chers objets, elles sollicitent les choses ; elles n'ont de cesse qu'elles n'aient séparé du courant du monde, et préservé de leur dissipation naturelle, tous les vestiges d'une vie consumée, et les moindres instru-

ments d'une tâche interrompue. Elles ornent de fleurs la table de travail, qui représente maintenant aux yeux profonds du souvenir, la tombe même d'un esprit. Tout ce qui fut familier devient sacré : c'est dire qu'il ne doit plus servir, mais être servi.

Mais si le maître revenait, tout est prêt. Vous pouvez rentrer, mon ami. Voici vos papiers et vos livres. Ta plume est là, sur cette page déjà tant travaillée, qui n'était pas encore elle-même...

*
* *

Toutefois, ce n'est pas assez pour la Piété que la solitude au survivant se soit fait une sorte de temple où elle s'alimente de ses pensées, se considère et se répond si mystérieusement. Elle pourrait y demeurer toujours, dans une paix désolée, et dans des espérances infinies, si d'autres obligations ne demandaient à cette âme qu'elle s'y plie, et qu'elle consente à sortir quelquefois de sa tendre et de sa triste immobilité.

Et qui donc veillerait, si ce n'est toujours elle-même, à la gloire de celui qui a passé ? — Entre la vigueur actuelle d'une renommée, et son entrée dans l'éternité littéraire, il existe un intervalle plein de périls. Là, les brumes insensibles de l'oubli ; là, les caprices incalculables du goût public, la mobilité, et les violences naturelles des jeunes talents ; et là, encore, les altérations matérielles de l'œuvre, sont nécessairement à redouter. Tous les dangers de la vie menacent le mort. Ils le pressent de mourir un peu plus, et de subir une seconde et abominable destruction. Ils sont conjurés pour l'atteindre dans l'idée qu'il se flattait de laisser de lui-même, et dans cette personne spirituelle dont ses ouvrages étaient faits pour suggérer la puissance, les profondeurs et les volontés.

Il importe de veiller longtemps autour de son nom. Il faut donner à la justice le temps qu'elle vienne, et qu'elle consacre et consolide toutes ces créations qu'il a laissées...

*
* *

Mais tout auprès d'une si grande œuvre, et dans l'ombre même d'un monument si considérable, le constructeur avait dressé quelques figures délicates, qui n'étaient que pour lui, et pour les êtres les plus avancés dans son cœur. Eux seuls devaient les connaître, qui devaient s'y reconnaître.

La condition de l'écrivain le contraint de s'adresser presque toujours à une assistance voilée. Il ne sait qui l'écoute. Amis, ennemis ; esprits durs, esprits difficiles, esprits enthousiastes ; âmes tendres ou raisonnables, composent confusément cette assemblée dont il faut toucher les fronts indistincts. Il faut donc que nous nous fassions une voix et une expression qui ne sont pas tout à fait nôtres, mais qui se composent sur l'idée que nous nous formons de cet auditoire indéfini.

Il arrive cependant que nous reprenions quelquefois la voix tendre et tempérée qui est notre voix particulière. C'est à nous-mêmes, c'est aux personnes les plus chères et les plus prochaines, que nous destinerons quelques petits ouvrages qui seront faits selon notre cœur.

Paul Adam a dérobé à sa vie publique et à l'immense tâche qu'il s'était donnée, le temps d'écrire les vers que l'on a réunis dans cet opuscule. Ce puissant prosateur a pris le langage des poètes pour exprimer ce qu'il sentait de plus intime...

P. V.

Pour les rondaches de ta chevelure
   Sage architecte de ta beauté,
Pour les clartés de ton visage,
   Astre prudent de mes saisons,
Pour les grâces de tes allures
   Gloire fidèle de ma demeure,
Pour les fraîcheurs de tes chères mains
   Amies agiles de mes lèvres,
Pour la grande douceur de ta bonté
   Perfection de mes espoirs,

Pour la vaine force de ton esprit
Dispensatrice de mes efforts,
Pour le mystère de tes secrets
Ame de mon âme !
Pour toi
Marthe
A mon symbole de l'Univers.

1903.

Sur la Ruse.

Trop d'hivers ont neigé depuis que toi, Victoire,
Lacéras notre amour et l'entraînas vivant
Loin de nos cris vaincus pour livrer au grand vent,
Parmi tes gonfalons, les lambeaux de ma gloire.

Du barbare, un moment, si j'oubliai la rage,
Aux vains espoirs de paix si j'offris trop mes vœux,
Je n'attends plus que toi, c'est la foi que tu veux
Pour, dans ton noble essor, saisir notre courage.

Voici l'instant cruel, et que le temps décrète :
Rien n'est faible en nos cœurs, mais demain qui s'apprête
Placera sur nos traits le masque du vieillard...

Viens avant ! Viens nouer à l'élan de la France
La splendeur de ton vol, et laurer, sur sa lance
Les trois flots déployés du plus bel étendard.

1913

Dix-neuf ans je n'ai pu t'offrir sur le vermeil
Les joyaux qui sont dus à chaque anniversaire
Et me voici de même en ce jour adversaire
Poète à la main vide, ô mon plus cher Soleil !

Je n'ai pu comme il faut, durant ton doux sommeil,
Gagner l'or si propice au bonheur planétaire
Je chantai tous les temps, mieux eut valu me taire,
Et te pouvoir donner le monde à toi pareil.

L'Océan nous a vus penchés sur le sillage
Quitter, tout éblouis de ton heureux visage,
L'Amérique au travail ou le sol africain.

Tombouctou t'adora. De son vieux sarcophage
Pharaon ressurgit pour aimer ton image
Moi je voulus forger ton trésor, mais en vain.

7 juin 1916.

A la déesse Lumière,

A son Dieu manieur de foudres.

Sous les glaciers des monts, pourchassant les ondines,
Vous rassemblez leur force en de puissants troupeaux,
Et vous précipitez les torrents de leurs eaux
Qui donneront leur vie à l'élan des turbines.

Mage alors, vous changez, mieux que fit Melusine,
La vigueur de la nymphe en foudre ; et ses faisceaux
Jaillis des dynamos s'en vont par les réseaux
Pour métamorphoser les sels purs de l'usine.

Vous savez enfouir dans le cœur des grains blancs,
Afin que le sol bâille et nous ouvre ses flancs,
L'explosif qui détonne et fait sauter la roche.

O dieu, ne tardez plus à nous créer encor
Du tonnerre et des feux pour déchirer le Boche,
Et vous serez la gloire en tous ses rayons d'or.

Août 1916.

Pour Françoise Cappiello.

Françoise, à ton destin la Méditerranée
Consacra tes aïeux quand leurs puissants vaisseaux
De Tyr à Syracuse, emportaient, sur les eaux,
Le feu de leur génie. Et tu n'étais pas née.

Si tu vécus alors, Sidon et Chéronée
Ont abrité l'amour que tu donnas si beau
Tu fus Rachel au puits, Andromaque au tombeau,
Ou l'épouse au grand deuil du pieux Idoménée.

Brutus tu l'adoras parlant sur le Forum,
Tu pleuras pour Jésus qui sortait du prétoire,
Devant toi, Constantin porta le Labarum.

Tu vécus, tu mourus, tu renaquis cent fois
Pour Montaigne et Rousseau, Danton et la Victoire
Que chanteront, demain, ta jeunesse et ta voix.

1916.

Sous ton chapeau de pourpre, aux creux de ton visage,
La mer avec le ciel, dans tes yeux sont logés.
L'espace et puis le temps s'y sont aménagés
Sachant rien d'éternel comme un beau paysage.

Jadis en toi, j'ai lu le généreux présage
D'être tout l'univers pour mes vœux affligés.
Et te voici le monde où se sont agrégés
Mes espoirs de comprendre autant que peut le sage.

Sur ta face apparaît le savoir ébloui
Que les ans ont offert à ma rude existence ;
Tu es le livre entier de mon intelligence

Et s'il ressuscitait dans cet âge inouï
L'Empereur ne voudrait pour dicter notre histoire,
Qu'inspirer aux Latins ton désir de victoire.

7 juin 1917.

Sur les lettres de l'Empereur.

Quatre ans tu fus très brave aux sons de la bataille
Et mon être ennobli de vivre en ton destin
Près de ton cœur apprit tout le bonheur latin
D'espérer pour les temps, l'idéal qu'il leur taille.

Le Soleil de ce juin, si l'horreur nous tenaille,
En tes regards pourtant met déjà le matin
Où nos vœux qu'engendra l'esprit du Palatin
Se réaliseront sacrés par la mitraille.

Le laurier romain, peut-il nous être amer ?
Sur ta face apparaît le ciel avec la mer,
Leur double et cher azur ne contient pas la crainte.

Car, entre eux, quand naquit Vénus et son savoir
La Méditerranée imposa son empreinte
Sur le front de sa fille, immortelle à te voir.

6 juin 1918.

Sur « la Terre qui tonne ».

LA HAINE DE DIDON

A Madame Pierre Baudin.

On le sait, tu fus blonde. En construisant Carthage,
De tes cheveux tyriens tu dorais les flots noirs
Quand tu ne voulais plus connaître, en tes miroirs,
Du noir Pygmalion l'obstiné parentage.

Tu te fardais Didon. Tu changeais le visage
De ce frère assassin qui fit tuer, un soir,
Ton amour le plus fier, tu ne voulais plus voir
Sa lâcheté pareille aux traits de ton courage.

Dans l'exil africain et sous l'or du lion,
Tu ne fus plus la sœur du vil Pygmalion ;
Et tu sus oublier en fondant un empire.

Sois ivoire et ténèbre, éternelle et sans fards,
O reine aux cheveux noirs pour laquelle on expire ;
Car Tyr survit en toi selon le vœu des arts.

1918.

Je t'aimais tant vaincue, et te voilà Victoire
Comment luirais-tu mieux, ô flambeau de mes jours ?
O toi qui, dès vingt ans, t'attachais à la gloire
D'être une épouse active et d'orner les séjours

Du travail entrepris afin que notre histoire,
Enseignant son exemple en la voix des tambours
Instruisit l'avenir de l'élan méritoire,
Pour imposer le juste aux Teutons, sans détours.

Tu me fus la patrie aux temps de sa détresse
Quand, fière et résolue, elle affrontait la mort.
Tu me la fus encore aux temps de sa liesse...

Et Strasbourg apparut que l'on couronnait d'or,
Toi debout à ses pieds, ô prêtresse éblouie
D'invoquer la Victoire alors épanouie.

7 juin 1919.

A MADAME RENÉ BOYLESVE.

Que le long de ce bras où la lueur s'enlace,
Serpent d'or, tu sois fier de te crisper toujours,
Qu'oubliant d'exister, vil, en d'obscurs séjours
Tu préfères l'épaule où la beauté te place :

Tu fais bien. Là tu vis mieux qu'en tout autre espace ;
Tu vis avec la Muse et sa suite en atours,
Tu vis avec son geste animant les discours
De son esprit agile où le dieu se surpasse.

Ne va pas ressurgir, ni glisser aux contours
De ce bras éloquent que déjà tu parcours,
Ni darder, à nos yeux, ta langue ophidienne !

Ne vois-tu pas le Ciel assombrissant le jour,
Pour sauver la vertu qu'Apollon a fait sienne,
Précipiter sur toi le courroux du vautour ?

1919

DÉJA PARUS .

L N° 1. *La Maîtresse Servante,* par Maurice BARRÈS.

E N° 2. *Pour Psyché,* par Charles MAURRAS.

S N° 3. *Digression peacockienne,* par Francis DE MIOMANDRE.

A N° 4. *Les préservatifs des dangers de l'amour à travers les âges,* par le D[r] LE PILEUR.

M N° 5. *Prisme étrange de la maladie,* par François PORCHÉ.

I N° 6. *Je sors d'un bal paré...* par Rémy DE GOURMONT.

S N° 7. *Un professeur de snobisme,* par Jacques BOULENGER.

D N° 8. *La comédie de celui qui épousa une femme muette,* par Anatole FRANCE.

É N° 9. *Regards sur le nid d'un rossignol de murailles,* par André ROUVEYRE.

D N° 10. *Le Suicide,* conte, par Fernand VANDÉREM.

O N° 11. *Eglogues imitées de Virgile,* par Emile Henriot.

U N° 12. *Hommage au Général Charette*, par Jérôme et Jean Tharaud.

A N° 13. *Les Œufs,* de Charles Perrault, publié par Marcel Boulenger.

R N° 14. *Jean Lorrain,* par Octave Uzanne.

D N° 15. *M. Ernest Renan dans la Basse-Bretagne,* par Charles Le Goffic.

S N° 16. *Les leçons de Florence*, par Jean Longnon.

O N° 17. *La veille de la Sainte-Agnès*, par John Keats, traduction de Madame la Duchesse de Clermont-Tonnerre.

N N° 18. *En marge des « Confidences »*, par Louis Barthou.

T N° 19. *Le Tasse à l'Abbaye de Châalis*, par Louis Gillet.

L N° 20. *A Antoine*, par Edmond Rostand.

E N° 21. *Le Miracle*, par Georges Duhamel.

S N° 22. *Mon premier grand Chagrin*, par Pierre Loti.

P N° 23. *Stendhal*, par Un des Quarante [Paul Bourget]

L N° 24. *Hommage à Stendhal*, par Edouard Champion.

U N° 25. *Stendhal*, par Anatole France.

S N° 26. *Alain-Fournier*, par Edmond Pilon.

A N° 27. *La folle journée*, par Emile Mazaud.

I N° 28. *Retour des Drapeaux*, par le Maréchal Lyautey.

M N° 29. *Les « Harmonies » toscanes*, par Gabriel Faure.

A N° 30. *Sur le Nil*, par Louis Bertrand.

B N° 31. *A Jérusalem : Le Jeudi Saint de 1918*, par Henri Massis.

L N° 32. *La Soirée perdue*, par Eugène Montfort.

E N° 33. *Gabriel-Tristan Franconi*, par Fernand Divoire.

S N° 34. *La Belle de Haguenau*, par Jean Variot.

IMPRIMERIE

F. PAILLART

ABBEVILLE

—

Octobre 1921

www.ingramcontent.com/pod-product-compliance
Lightning Source LLC
LaVergne TN
LVHW021648170726
843501LV00007B/2466

* 9 7 8 2 3 2 9 6 5 0 6 1 6 *